이선비, 성균관에 들어가다

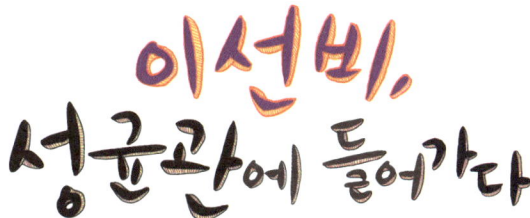
이선비, 성균관에 들어가다

세계로 글 | 이우창 그림

Mirae N 아이세움

차례

여기는 성균관 • 7
옛날에는 어떻게 공부했을까?_**성균관** •16

평생의 친구를 만나다 • 19
옛날에는 어떻게 공부했을까?_**서당, 향교, 사부 학당** •34

규칙을 어긴 세로 • 39
옛날에는 어떻게 공부했을까?_**독서법** •52

임금님 앞에서 실수를 저지르다 • 57
옛날에는 어떻게 공부했을까?_**공부법** •68

아버지의 일기장 • 71
옛날에는 어떻게 공부했을까?_**가정 교육** •80

드디어 과거 시험이 열리고 • 83
옛날에는 어떻게 공부했을까?_**과거 제도** •96

성균관으로 GO! GO! •100
세계로 선생님들이 들려주는 옛날 공부법 이야기 •102

나오는 사람들

이세로(이선비)
호기심이 많아 가는 곳마다 좌충우돌 사건을 일으키는 조선 시대 선비, 이세로! 우여곡절 끝에 소과 시험에 합격해 성균관에 입학하지만, 엄격한 규칙과 어려운 공부 때문에 정신을 못 차리고 성균관에서 쫓겨날 위기에 처하는데……. 과연 성균관에서 살아남아 과거 시험 대과에 합격할 수 있을까?

맹윤호
성균관에서 만난 이선비의 친구. 언제나 성실하고 공부도 열심히 하는 모범생이다. 자신과 다른 이세로를 좋아하고 부러워하지만 예기치 못한 사건으로 사이가 멀어지는데……. 과연 끝까지 세로와 우정을 지킬 수 있을까?

스승님
성균관 유생들을 가르치는 교수이다. 단정히 기른 턱수염이 인상적인 분으로 늘 유생들을 엄격하고 무섭게 가르치는데……. 과연 세로의 실수를 이해하고 용서해 줄 수 있을까?

여기는 성균관

두둥! 어디선가 힘찬 북소리가 들려왔습니다.

"일어나시오!"

단잠에서 깬 세로는 실눈을 뜨고 주위를 살폈습니다. 그런데 생전 처음 보는 곳에, 낯선 사람들과 함께 있는 게 아니겠어요?

"이게 꿈이야 생시야……. 여기가 어디지?"

세로가 잠꼬대처럼 중얼거리자, 옆에 앉아 있던 사람이 웃으며 말했습니다.

"성균관이지 어디요? 어제 입학례를 치르지 않았소!"

그제야 세로는 정신이 번쩍 들었습니다. 너무 설레어 잠을 설쳤더니, 성균관에 들어왔다는 사실조차 깜빡했지 뭐예요. 세로는 후다닥 일어나 이부자리를 걷었습니다. 창으로 들어오는 아침 햇살에 먼지가 하얗게 날렸습니다.

드디어 그토록 바라던 성균관 생활이 시작된 것입니다.

"세수하시오!"

찬물이 얼굴에 닿자, 남아 있던 잠이 싹 달아났습니다.

'거참 신기하다. 이곳에서는 모든 일에 구호를 붙이는구나. 일어나고, 밥 먹고, 잠자는 일까지 일정이 꽉 짜여 있네. 역시 조선 최고의 학교다워. 아, 정말로 내가 성균관에 온 거야!'

세로는 뿌듯한 얼굴로 주위를 둘러보았습니다. 제일 먼저 위풍당당하게 솟은 명륜당이 보였어요. 이제부터 저곳에서 새로운 스승님과 친구들을 만나 공부하게 되겠지요. 세로는 가슴이 벅차올랐습니다.

성균관은 나라에서 세운 학교로 지금으로 말하면 대학교 같은 곳이지요. 조선 최고의 교육을 받는 곳인 만큼 아무나 들어갈 수 없었습니다. 지체 높은 가문의 아들이나 사부 학당에서 성적이 우수했던 학생, 그리고 소과 시험에 합격한 사람만이 입학할 수 있었지요.

부산의 작은 시골 마을에서 태어난 이세로는 좋은 가문의 아들도 아니고, 공부를 잘하지도 못했어요. 하지만 소과 시험을 통과해 성균관에 당당히 입학한 것입니다.

'이 자리에 오기까지 얼마나 많은 일이 있었던가? 시험을 보러 한양으로 오던 중 물에 빠지질 않나, 길을 잃지 않나, 온갖 일을 다 겪었지…….'

세로는 옛날 일을 떠올리며 빙그레 웃었어요. 어쨌거나 지금은 모든 고비를 넘기고 어엿한 성균관 유생이 되었으니, 감개무

량했지요.

그때 식사 시간을 알리는 북소리가 울렸습니다. 세로는 서둘러 식당으로 걸어갔습니다. 벌써 유생들이 식당 앞에 길게 늘어서 있었습니다. 그 모습을 보자 세로의 뱃속에서 꼬르륵거리는 소리가 났지요.

식당 입구에는 출석부가 놓여 있었습니다. 세로가 자신의 이름을 대자, 이름 옆에 도장이 꾹 찍혔어요. 성균관에서는 밥을 먹은 횟수로 공부한 날짜를 셈한답니다. 아침저녁 도장이 모두 찍혀야 하나로 인정되고, 이것이 삼백 개가 모이면 과거 시험을 볼 자격이 생겼습니다.

아침 조회 시간이 되었습니다. 유생들은 스승님 앞에 죽 늘어섰습니다. 단정하게 정리한 턱수염이 인상적인 스승님은 날카로운 눈빛으로 유생들을 둘러보았습니다.

"성균관의 규칙은 엄격하니, 철저하게 지켜야 한다. 옛 성현을 존경하지 않거나, 나라에 불만을 가져서는 절대 안 될 것이야. 유생들끼리 서로 싸우거나 재물을 밝혀서도 안 된다. 윗사람에게 예의를 갖추는 것은 기본이며, 외출은 한 달에 단 두 번만 허락한다. 이 규칙들을 어길 시에는 벌을 받는 것은 물론이고, 성균관에서 쫓겨날 수도 있다는 것을 잊지 말아야 할 것이야. 모두 명심하도록!"

유생들은 다 함께 '네!' 하고 대답하며 깊이 고개를 숙였습니다. 그러자 스승님은 다소 누그러진 목소리로 온화하게 말을 이어 갔습니다.

"성균관은 장차 이 나라 조선을 이끌어 나갈 인재를 키우는 곳이다. 그러니 이 자리에 모인 유생들은 자부심을 가져도 좋아. 학비와 숙식비 등 모든 비용은 나라에서 부담하고 있으니, 다른 걱정은 하지 말고 공부에 힘을 쏟아야 하느니라."

스승님은 유생들을 데리고 커다란 은행나무 앞으로 갔습니다.

세로는 고개를 들어 나무를 우러러 보았습니다.

"이 나무에는 특별한 이야기가 전해 온단다. 가을마다 이 은행나무에 은행이 주렁주렁 열려서 고약한 냄새가 사방에 풍겼지. 그 때문에 유생들이 크게 애를 먹었어. 궁리 끝에 은행이 열리지 않게 해 달라고 제사를 지냈단다. 그 후로 지금까지 은행이 열리지 않아. 모두 학문에 뜻을 둔 성균관 유생들의 열의가 하늘을 감동시켰다고 믿고 있지."

스승님의 말에 유생들은 모두 감탄했습니다. 마침 바람이 불자, 노란 은행잎이 손을 흔들듯 솨 하고 흔들렸습니다. 스승님이 자리를 뜨자, 유생들도 그 뒤를 따랐습니다. 하지만 세로는 왠지 쉽게 발걸음을 뗄 수 없었습니다. 그때 세로의 발 위로 은

행잎 하나가 툭 떨어졌습니다. 세로는 그 은행잎을 주워 소중히 가슴에 품었습니다. 왠지 그 은행잎이 자신에게 행운을 가져다 줄 것 같았습니다.

"이보게, 어서 오지 않고 뭐하나?"

저만치에서 한 유생이 세로를 소리쳐 불렀습니다. 한눈에도 영리하고 총명해 보이는 친구였습니다. 그제야 퍼뜩 정신을 차린 세로는 허둥지둥 뒤쫓아 갔습니다.

옛날에는 어떻게 공부했을까?
성균관

 ### 무엇을 공부할까요?

성균관은 지금의 대학교와 같은 곳입니다. 고려 시대 세워진 국자감이 공민왕에 이르러 성균관으로 그 명칭이 바뀌었지요.

나라의 인재를 키우는 곳인 성균관에서는 주로 조선의 통치 이념인 유교를 깊이 있게 공부했습니다. 유교와 관련된 내용을 담은 사서오경, 즉 《대학》,《논어》,《맹자》,《중용》을 일컫는 사서와 《예기》,《춘추》,《시경》,《서경》,《주역》을 일컫는 오경을 중심으로 공부했습니다. 성균관 유생들은 먼저 대학재라는 곳에 들어가《대학》을 공부한 뒤 시험을 보아 합격하면 논어재로 올라갔습니다. 시험을 통과하지 못하면 통과할 때까지 계속 대학재에 머물면서 공부해야 했습니다. 조선 시대에도 낙제라는 것이 있었던 것이지요. 이런 방식으로 마지막 주역재까지 공부를 하는데 대개 삼 년 반 정도 걸렸다고 합니다.

 성균관에서는 주로 조선의 통치 이념인 유교를 공부했구나.

 ### 어떻게 입학할까요?

과거 시험 중 소과인 생원시와 진사시에 합격한 양반 자제들이 우선적으로 성균관에 입학할 수 있었습니다. 또 한양의 사부 학당에서 성적이 뛰어난 사람 또는 지체 높은 집안이나 관리의 자제가 추천을 받아 입학하기도 했어요.

 이선비는 소과에 합격해서 성균관에 들어갈 수 있었지.

어떻게 생활할까요?

매월 초하룻날에 성균관 유생은 복장을 갖추고 문묘에 나아가 선현에게 인사를 올리고 네 번 절을 한다.
항상 사서오경만을 읽을 것이며 도교나 불교와 관련된 책은 읽지 않는다.
매월 8일과 23일에는 의복을 세탁할 수 있도록 휴가를 주니, 유생들은 이날을 이용하여 복습을 할 것이요, 활쏘기, 장기, 바둑, 사냥, 낚시와 같은 유희를 즐겨서는 안 된다. 이를 어기면 벌한다.

성균관 생활은 엄격해.

엄격한 규정이죠? 성균관의 유생은 기숙사인 동재와 서재에 머물며 북소리와 구호에 따라 규칙적으로 생활했습니다. 북소리와 함께 '기침(起寢)'이라 외치면 일어나야 하고, '세수(洗手)'라고 외치면 세수를 해야 했지요. 북소리가 두 번 울리면 의복을 갖춰 입고 책을 읽기 시작하고, 북소리가 세 번 울리면 식당에 동서로 마주 앉아 식사를 하지요.

식사를 하러 식당에 들어가기 전에 출석부에 이름을 쓰면 아침과 저녁을 합해 한 번의 출석으로 인정되었습니다. 출석이 모두 삼백 번이 되어야 소과의 다음 단계인 대과를 볼 자격이 주어졌답니다.

이 외에도 유생들이 입던 푸른 깃의 도포인 청금 단령을 비싼 비단으로 짓거나 질 좋은 가죽 신발을 신는 것도 금지했어요. 학생의 신분에 맞는 검소한 차림으로 다녀야 한다는 것이지요. 그렇다고 성균관 유생들이 규칙에 따라 수동적으로만 생활한 것은 아닙니다. 유생들 스스로 학생회를 만들어 자신들의 의견을 적극적으로 표현하기도 했답니다.

평생의 친구를 만나다

첫 수업이 시작되었습니다. 유생들은 긴장한 얼굴로 책을 펼쳤습니다.

성균관에서는 유교 경전인 '사서오경'을 배웁니다. 사서, 즉 《논어》, 《맹자》, 《중용》, 《대학》과 오경, 즉 《시경》, 《서경》, 《주역》, 《예기》, 《춘추》를 전부 배우기까지는 약 삼 년 반 정도가 걸리지요. 이 가운데 가장 먼저 배우는 것은 《대학》입니다. 매달 시험을 보고 그 점수가 나라에 보고된다는 말에, 세로는 긴장이 되어 식은땀이 났습니다.

"자, 대학의 첫 문장이 무엇이더냐?"

스승님이 묻자, 맹윤호라는 유생이 대답했습니다. 아까 은행나무 앞에서 세로를 불렀던 유생이었지요. 세로는 관심을 갖고 맹유생의 대답에 귀를 기울였습니다.

"대학지도(大學之道)는 재명명덕(在明明德)하며 재신민(在新民)하여, 재지어지선(在止於至善)이니라. 즉, 학문을 갈고닦는 까닭은 덕을 쌓기 위함이요, 백성들의 삶을 새롭게 바꾸기 위함이요, 어질고 선한 마음을 갖기 위함이라는 뜻입니다."

"그래, 잘했다. 그러면 어찌하면 백성들의 삶을 새롭게 할 수 있다고 생각하느냐?"

"백성들에게 공자님의 가르침을 알려야 합니다. 무지한 백성들은 어떤 배움도 없이 헛된 세월을 보내고 있습니다. 사람이 배우지 않으면 어두운 밤길을 가는 것과 같다고 하였습니다."

유생들도 맹유생의 말에 동의한다는 듯이 고개를 끄덕였습니다. 맹유생의 유창한 답변이 끝나자, 누구도 선뜻 나서지 못하고 눈치만 보았습니다. 맹유생보다 대답을 잘할 자신이 없었던 겁니다. 그때 세로가 입을 열었습니다.

"저는 좀 다른 생각을 갖고 있습니다."

세로는 주머니를 뒤적거리더니, 구겨진 종이 한 장을 꺼내 활짝 펼쳤습니다. 구깃구깃한 종이에는 희한한 그림이 그려져 있었습니다.

"어떤 책을 보았더니, 똑같이 농사를 지어도 쌀을 많이 거둘 수 있는 방법이 있다고 합니다. 저는 그 책을 읽고 백성들의 수고를 조금이라도 덜어 줄 농기구를 생각해 보았습니다. 아직은 미흡하지만 조금 더 연구하면 제대로 된 농기구를 만들 수 있겠지요. 저는 백성들의 힘든 삶을 편하게 해 줄, 그런 실용적인 지식을 쌓아야 한다고 생각합니다."

세로의 말에 유생들은 황당하다는 반응이었습니다. 이제껏 누구도 그런 답변을 하지 않았으니까요. 입을 헤벌린 채 세로를 신기하게 바라보는 유생도 있었지요. 어떤 유생은 말도 안 된다며 낄낄 웃었습니다.

"이보게! 그런 건 우리와 상관없는 이야기야. 성균관에서 공부할 내용은 아니지 않은가. 엉뚱한 이야기로 귀한 시간을 허비하지 말게."

맹유생이 세로를 노려보며 차갑게 말했습니다. 그 말에 발끈

한 세로도 목소리를 높였습니다.

"스승님께서는 백성들의 삶을 새롭게 하는 법을 물으셨네. 그 방법을 어찌 책에서만 찾는단 말인가. 백성들에게 공자님의 지식을 가르치는 것보다 백성들의 고통을 보살피는 일이 더 급하지 아니한가?"

두 사람은 한 치도 물러서지 않고 팽팽하게 맞섰습니다. 그러자 스승님이 말했습니다.

"둘다 틀린 생각은 아니니 의견을 귀담아 듣고 진정 옳은 방법이 무엇인지 모두들 찾아보도록 하여라!"

"예, 알겠습니다."

유생들이 일제히 대답했습니다.

"오늘 배울 내용을 읽어 온 사람이 있느냐?"

스승님이 묻자, 또 맹유생이 손을 번쩍 들었습니다. 맹유생은 책을 펴지도 않은 채 문장을 줄줄 외웠습니다.

'야, 저 친구 대단한걸! 일등은 맡아 놓았군.'

유생들은 감탄하며 맹유생을 바라보았습니다. 맹유생의 얼굴에도 뿌듯함이 가득했습니다. 하지만 스승님은 무뚝뚝하게 말했습니다.

"눈으로만 읽어서는 소용없다. 마음으로 읽어야 하느니라."

크게 칭찬 받을 줄 알았던 맹유생의 얼굴이 벌겋게 달아올랐습니다. 수업이 끝나고 세로는 맹유생에게 다가가 말을 건넸습니다.

"자네, 정말 대단하군. 나는 아무리 들여다봐도 무슨 소린지 모르겠던데 말이야."

그러자 맹유생이 대답했습니다.

"나는 한양에서 사부 학당을 다녔다네. 듣자하니 자네는 향교 출신이라면서? 향교라면 시골의 조그만 학당이 아닌가?"

"그게 무슨 소린가?"

"시골에서 아무리 열심히 해 봤자 한양의 사부 학당을 따라올 수 있겠는가? 그러니 자네와 내가 차이날 수밖에……. 흠흠."

그 말에 부아가 치민 세로가 맞받아쳤습니다.

"자네는 과거 시험을 위한 글공부만 했나 보군. 나는 시골 향교 출신이지만 전혀 부끄럽지 않네. 내가 다닌 향교에서는 조상님을 공경히고 마을 사람들과 더불어 살며, 무엇보다 예의를 갖추어 사람을 대하는 법을 배웠다네.”

그 말에 맹유생이 움찔했습니다. 두 사람 사이에 어색한 기운이 감돌았지요. 맹유생은 머쓱한 듯 손을 내밀었습니다.

"흠흠, 미안하네. 내가 말실수를 했네.”

세로는 맹유생의 손을 덥석 잡았습니다.

"앞으로 잘 지내 보세. 서로에게 도움이 된다면 좋은 일이 아닌가.”

세로가 싱긋 웃으며 말했습니다. 그 모습에 맹유생도 따라 웃고 말았습니다. 둘은 정자에 자리를 잡고 앉았습니다. 산들바람이 두 사람의 옷깃을 기분 좋게 흔들었습니다. 맹유생이 시무룩한 목소리로 말을 꺼냈습니다.

"그런데 말이야, 나는 스승님의 말이 도통 이해가 가지 않네. 마음으로 읽으라니, 그게 무슨 뜻인가?”

그러자 세로가 껄껄 웃으며 자신의 어릴 적 이야기를 맹유생에게 들려주었습니다.

"하하, 사실은 나도 그런 꾸중을 들은 적이 있다네."

어린 세로는 일찌감치 아버지에게 글을 배운 터라, 친구들에 비해 실력이 뛰어났습니다. 훈장님의 어려운 질문에 대답할 수 있는 건 세로뿐이었지요. 친구들이 대단하다며 추켜세우자, 세로는 어깨가 으쓱했습니다. 친구들에게 자랑하려고 책을 통째로 외우기도 했습니다. 노래 부르듯이 문장을 달달 외우고 다니며 한껏 거드름을 피웠습니다. 친구들은 '세로는 천재인가 봐.' 하며 감탄했지요.

그렇게 자신만만하던 세로는 어느 날 훈장님에게 뜻밖의 말을 들었습니다.

"세로는 글을 눈으로만 읽는 것 같구나."

"그게 무슨 말씀인지요?"

세로는 훈장님의 말이 무슨 뜻인지 도통 알 수가 없었습니다.

'그럼 글을 눈으로 읽지, 코로 읽나?'

"세로만 빼고, 모두 그만 집으로 돌아가도록 해라. 세로는 남아서 책을 백 번 읽도록!"

아이들은 세로를 안쓰러운 눈으로 바라보았습니다. 방금 전까지 부러움을 샀던 아이가 순식간에 가장 불쌍한 아이가 되었지요. 세로는 부끄러워 얼굴이 뜨거워졌습니다. 아이들이 썰물처럼 서당을 빠져나가고 세로만 오도카니 방 안에 앉아 있었습

니다.

"너는 글자를 읽고 외우는 것은 잘하지만, 의미가 무엇인지 물어보면 꿀 먹은 벙어리가 되더구나. 글을 읽으면서 글 속에 담긴 뜻을 깊이 생각해 보아라."

훈장님이 혼자 남은 세로에게 엄하게 말했습니다.

'내가 뭘 잘못했담? 글을 읽고 풀이하면 됐지, 무슨 의미인지가 뭐 중요하다고! 아이참, 나도 집에 빨리 가고 싶은데…….'

세로는 저도 모르게 입이 쑥 나왔습니다. 하지만 훈장님이 눈을 부릅뜨고 지켜보고 있으니 어쩔 도리가 없었지요. 세로는 큰 소리로 글을 읽기 시작했습니다. 오십 번이 넘고, 칠십 번에 이르자 목이 따갑고 아팠습니다. 억울한 마음이 들어 눈물까지 났습니다. 방바닥에 눈물방울이 뚝뚝 떨어졌지요. 결국 세로는 코를 훌쩍이며 거의 흐느끼다시피 책을 읽었습니다.

마침내 백 번을 다 읽고 나자, 훈장님이 입을 열었습니다.

"어떠냐, 눈으로 한두 번 훑어본 것과 백 번 읽으며 생각한 것이 전혀 다르지 않느냐? 글을 대충 읽지 않고 거듭 들여다보면, 그 뜻을 깨우칠 수 있단다. 너는 다른 아이들에 비해 총명하나, 빨리 읽고 외우려고만 하지 의미를 되새길 줄은 몰라 일부러 벌을 준 것이다. 누군가는 책을 많이 읽는 것이 지식을 쌓는 방법이라고 말하더구나. 하지만 나는 그렇게 생각하지 않는다.

단 한 권의 책을 읽더라도 밥을 꼭꼭 씹어 먹듯 여러 번 읽으며 매번 새로운 의미를 깨닫는 것이 중요하단다. 뜻을 모르고 책을 읽는 것은 밥을 씹지 않고 삼키는 것과 같다는 말이니라."

세로는 그제야 훈장님이 백 번이나 읽으라고 한 까닭을 알았습니다. 이번에는 훈장님을 원망했던 자신이 부끄러워 눈물이 그치지 않았습니다. 세로는 눈물 콧물 범벅인 얼굴을 손으로 닦으며 겨우 대답했습니다.

"늘 마음에 새기겠습니다." 이야기가 끝나자, 맹유생이 중얼거렸습니다.

"흐음, 그런 뜻인가. 스승님께서 나에게 잔재주를 부리지 말고 의미를 깊이 생각해 보라고 말씀하신 거로군."

세로는 그런 맹유생을 바라보며 말없이 웃었습니다.

"시골에서 그런 가르침을 받았다니 신기한가? 그럼 이번에는 계곡에서 공부한 이야기를 해 줄까? 자연을 접하는 것도 큰 공부라며 훈장님과 함께 산과 들을 다니며 공부했다네. 어때, 재미있겠지?"

맹유생의 눈이 호기심으로 반짝였습니다. 두 사람은 저녁밥을 먹는 것도 잊은 채 이야기꽃을 피웠습니다.

옛날에는 어떻게 공부했을까?
서당, 향교, 사부 학당

서당

서당은 오늘날의 초등학교와 같습니다. 학생들은 대개 7~8세에 서당에 들어가서 15~16세에 과정을 마치는 것이 보통이었지요. 하지만 배움의 기회를 놓친 늦깎이 학생들도 있었기 때문에 거의 제한이 없었다고 볼 수 있습니다.

학생들을 가르치는 사람을 '훈장'이라고 하는데 주로 마을에서 학식이 풍부하고 덕망을 갖춘 학자나 과거에 떨어진 선비들이 훈장을 맡았습니다.

김홍도의 《서당》
조선 시대 서당의 모습을 그린 김홍도의 작품입니다. 두건을 쓰고 앉아 있는 사람이 훈장으로 서당에서 아이들을 가르칩니다.

> 아하, 서당은 지금의 초등학교와 비슷하구나.

서당에서는 주로 한자를 익힐 수 있는 《천자문》과 성현들의 뛰어난 문장만 모아 엮은 《명심보감》이나 《소학》을 배웠습니다.

 향교와 사부 학당

서당 교육을 마치면 향교와 사부 학당으로 진학했습니다. 향교와 사부 학당은 조선 시대 중등 교육 기관으로 향교는 지방에, 사부 학당은 한양에 있었습니다.

사부 학당은 성균관에 들어가기 위한 예비 학교 같은 역할을 했지요. 향교는 지방의 중등 학교로 17세 이상 40세 이하의 모든 남자들이 입학할 수 있었습니다. 하지만 실제로 일반 평민은 들어가기 쉽지 않았어요.

분판
아이들이 붓으로 글자를 연습하기 위해 나무로 만든 분판입니다. 옛날에는 종이와 먹이 귀했기 때문에 분판에다 글씨를 썼다가 지우면서 글씨 연습을 했습니다. 또 궁궐에서는 메모용으로 사용하기도 했습니다.

신라 – 화랑도

　화랑도는 신라의 독특한 엘리트 청소년 교육 제도랍니다. 《삼국사기》에는 화랑도에 대해 "서로 도의를 닦고 시가(詩歌)와 음악을 즐기며 명산과 대천을 찾아 놀이와 오락을 하되 멀다고 해서 가지 않는 곳이 없다."고 기록되어 있어요. 화랑도의 이러한 활동은 심신의 단련뿐만 아니라 전투에 대비하여 신라 각 곳의 지리를 파악하고 익히는 데에 목적이 있었습니다. 또 문장을 짓고, 지식을 쌓는 일도 게을리하지 않았습니다.

　화랑도는 귀족은 물론 일반 평민도 들어갈 수 있어 신분 계층 간의 갈등을 완화 시켜 주는 역할도 했습니다.

화랑이 지켜야 할 다섯 가지 규범 – 세속 오계
1) 충성으로 임금을 섬길 것-사군이충(事君以忠)
2) 효도로 부모님을 모실 것-사친이효(事親以孝)
3) 신의로 친구를 사귈 것-교우이신(交友以信)
4) 전쟁에 나가서는 물러나지 말 것-임전무퇴(臨戰無退)
5) 생명을 함부로 죽이지 말고
　　가려서 할 것-살생유택(殺生有擇)

임신서기석
경상북도 경주시 현곡면 금장리 석장사 터 부근에서 발견된 돌입니다. 두 명의 화랑이 학문에 힘쓰고 나라에 충성할 것을 맹세하는 글이 적혀 있습니다.

고구려 - 태학

"고구려 소수림왕 2년에 태학(太學)을 세워 자제를 교육했다."는 기록이 남아 있어요. 이것이 바로 우리나라 학교 교육에 관한 최초의 기록이지요. 고구려의 태학은 귀족의 자제들이 입학하였으며 중국에서 전해진 여러 책들을 공부했을 것으로 보입니다.

고려 - 국자감

고려 성종의 지시로 10세기에 만들어진 고려의 국자감은 고려 시대 최고의 교육 기관이었습니다. 국자감에서는 7재라 하여 일곱 가지 과목을 공부했는데, 이 중 여섯 과목은 유교를 공부하는 것이고, 나머지 한 과목인 강예재는 무학, 즉 무술을 연마하는 것이었습니다.

고려의 과거 제도에는 무관을 뽑는 무과가 없었는데도 불구하고 강예재를 두어 문과 무를 동시에 교육한 것은 고려만의 특징이라고 할 수 있습니다.

규칙을 어긴 세로

얼마 후, 첫 시험이 치러졌습니다. 공부는 갈수록 어려워졌고 해야 할 과제는 산더미처럼 쌓여 갔습니다. 매시간 수업을 따라가기도 벅찼습니다. 밤잠을 아껴 가며 공부한 유생들의 성적이 발표되었습니다. 맹유생은 좋은 점수를 받았지만, 세로는 꼴찌나 다름없었지요.

맹유생은 세로가 상심에 빠져 있으리라 짐작하고 세로를 찾아왔습니다. 그러나 세로는 우울해 하기는커녕 소설책에 정신

없이 빠져 있었어요

"윤호! 이 책 좀 보게. 아주 흥미로운 이야기야. 주인공이 둔갑술을 익히고 탐관오리들의 재물을 빼앗아 가난한 백성들을 도와준다네. 자네도 읽어 보겠나?"

세로가 흥분해서 말했지만 맹유생은 책을 거들떠보지도 않았습니다.

"세로, 그런 책은 시험에 전혀 도움이 되지 않는다네. 그럴 시간에 하나라도 더 공부하게."

"난 그렇게 생각하지 않는다네. 꼭 성적에 도움이 되지 않더라도 훌륭한 책은 정말 많다네."

맹유생은 성적에는 아랑곳하지 않고 소설책이나 읽고 있는 세로가 걱정스러웠습니다. 세로 역시 복잡하고 지루한 책만 읽는 맹유생이 갑갑하기는 마찬가지였어요. 맹유생과 이세로는 이렇게 공통점이 없는데도 같이 있으면 서로 즐거워했습니다.

"요즘 자네에 대한 이상한 소문이 돌고 있다네. 다들 공부하느라 정신이 없는데, 자네는 노비들과 노닥거리면서 시간을 보낸다는 거야. 설마 사실은 아니겠지?"

"사실이라네. 하지만 노비들과 이야기하는 것도 꼭 필요한 공부라네. 백성들이 어떻게 살아가는지 알게 되니까 말이야. 공부를 꼭 책으로만 하는 건 아니지 않나?"

"나는 유생들과 모임까지 만들어서 공부하기에 바쁜데, 성적도 나쁘면서 만날 놀러만 다니는 자네가 이해가 되질 않아."

맹유생은 고개를 절레절레 저으며 돌아섰습니다. 세로는 멀어져 가는 맹유생의 뒷모습을 멍하니 바라보았습니다.

드디어 기다리고 기다리던 휴일이 왔습니다. 스승님은 유생들을 불러 놓고 당부했습니다.

"오늘은 마음껏 시간을 보내도록 하여라. 외출을 해도 좋지만 장기, 바둑, 사냥, 낚시 같은 놀이를 해서는 안 된다. 밖에서도 성균관 유생으로서 품위를 잃지 않도록!"

세로는 신이 나서 말했습니다.

"여보게, 맹유생. 함께 밖에 나가세. 오랜만에 산책도 하고, 세상 구경도 하자고!"

맹유생은 그다지 내키지 않는 듯했습니다.

"글쎄, 나는 부족한 공부를 하고 싶은데……."

"허허, 참. 큰일 날 친구이구먼. 그렇게 책상맡에만 앉아 있으면 건강에 좋지 않다네. 세상 공부도 중요하지 않은가. 어서 나가세!"

세로는 억지로 맹유생을 끌고 밖으로 나섰습니다. 오랜만에 밖으로 나오니 세로의 발걸음은 나는 듯 가벼웠습니다. 두 사람은 한가롭게 거리를 거닐었습니다.

그때 한 무리의 아이들이 우르르 달려오다가 세로와 부딪히고 말았어요.

"아이쿠!"

"죄송합니다. 남사당패가 왔다기에 급히 달려가다 그만……."

그 말에 세로는 아픈 것도 잊고 귀를 쫑긋했습니다. 남사당패 놀이판 구경이라면 세로가 세상에서 가장 좋아하는 일 중 하나

였으니까요.

"그것 참 재미있겠군. 우리도 가 보세!"

세로가 달려가려 하자, 맹유생이 세로의 팔을 붙들었습니다.

"이보게, 성균관 유생이 그런 곳을 기웃거렸다간 벌을 받는다는 걸 모르나? 어서 돌아가세!"

세로는 잠시 갈등했습니다. 하지만 모처럼 남사당패 놀이를 볼 수 있는 기회를 놓치고 싶지 않았습니다.

"맹유생, 미안하네. 여기서 잠시만 기다리게. 얼른 둘러보고만 오겠네. 정말이야!"

"이보게, 세로!"

붙잡을 틈도 없이 세로는 저만치 뛰어가 버렸습니다. 맹유생이 발을 동동 구르며 세로를 불렀지만 소용없었습니다.

세로가 가까이 가자 신명나게 두드리는 북, 장구, 징, 꽹과리

소리가 신나게 사방으로 울려 퍼지고 있었습니다. 사람들이 모여들자, 사발을 두 뼘 가량의 막대기에 올려놓고 돌리는 버나돌리기가 시작되었습니다. 아슬아슬한 버나돌리기가 끝나자 어릿광대와 재주꾼이 물구나무서기도 하고 훌떡훌떡 뛰어넘기도 하면서 사람들의 정신을 빼놓았지요.

이어서 줄타기가 시작되었습니다. 이 줄타기를 '어름'이라고 하는데, 얼음 위를 조심스레 걷는 듯하다는 뜻이지요. 재주꾼은 부채를 흔들면서 살금살금 줄 위를 걷다가 훌렁 미끄러지는 시늉을 했습니다. 그러다 벌떡 일어나 줄 위에서 겅중겅중 뛰었습니다. '와!' 하고 사람들의 함성과 박수가 쏟아졌습니다. 세로 역시 엉덩이가 들썩거렸지요.

사실 이런 구경은 점잖은 성균관 유생이 해서는 안 될 일이었습니다. 하지만 세로는 이미 스승님의 당부 따위는 까맣게 잊은 지 오래였습니다. 심지어 세로는 남사당패와 함께 덩실덩실 춤

을 추기까지 했습니다.

어느덧 해는 산 너머로 넘어가 주위가 어둑해졌습니다.

"어, 벌써 시간이 이렇게 되었나? 자칫하다간 늦겠구나!"

그제야 정신을 차린 세로는 허둥지둥 맹유생이 기다리는 곳으로 뛰어갔지요. 하지만 맹유생은 온데간데없었습니다.

"맹유생, 어디 있나? 이보게!"

세로는 소리치며 맹유생을 찾았습니다. 세로는 혹시 맹유생이 길을 잃었나 싶어 가슴이 덜컥 내려앉았습니다. 억지로 맹유생을 데리고 나와 놓고 정작 자신은 남사당패 구경하느라 친구를 챙기지 않았다는 생각이 들었습니다. 세로는 자신의 행동이 너무 후회스러웠습니다. 세로는 골목골목을 샅샅이 찾았지만 맹유생은 어디에도 없었습니다.

세로가 성균관으로 돌아왔을 때는 이미 늦은 밤이었습니다. 사람들에게 물어보니 다행히 맹유생은 이미 돌아왔다고 했습니다. 세로는 늦게 들어와 크게 야단을 맞았지만, 맹유생이 무사하다는 것만으로도 기뻤습니다.

다음날 아침, 조회 시간에 유생들이 모이자 스승님이 무서운 목소리로 말했습니다.

"내가 어제 그토록 당부했거늘, 남사당패 놀이에 끼어들어 사람들과 어울린 유생이 있다고 들었다. 그 사람은 스스로 나를 찾아와 잘못을 빌도록 해라."

유생들은 서로 눈치를 살피며 수군거렸습니다.

'누구야? 그런 짓을 한 사람이……'

'잘못 본 거 아닐까? 설마 그런 유생이 있을 리가 없잖아.'

세로는 어찌할 바를 몰랐습니다. 자기만 말하지 않으면 남사당패 놀이판에 간 사람이 자신인지 아무도 모를 거라는 생각도 들었습니다.

'내가 놀이판에 갔다는 걸 아는 유생이 없을 텐데, 도대체 누

가 스승님에게 그런 사실을 말했을까?'

세로는 조심스레 주위를 둘러보았습니다. 세로를 쳐다보고 있던 맹유생과 눈이 마주쳤습니다. 맹유생은 고개를 획 돌려 버렸습니다.

'서, 설마 맹유생이?'

세로의 가슴이 쿵 하고 내려앉았습니다. 설마 그 사실을 알리기 위해 먼저 돌아온 것은 아니겠지요? 맹유생이 자신을 일러바쳤을지도 모른다고 생각하니, 배신감과 실망감에 세로는 괴로웠습니다.

'아니야. 괜한 사람을 의심하지 말자. 설사 사실이 그렇다 해도 맹유생의 탓이 아니야. 모든 건 내 잘못이다.'

세로는 용기를 내어 스승님을 찾아갔습니다. 그리고 무릎을

꿇고 머리를 조아렸습니다. 스승님은 세로를 엄하게 꾸짖었습니다.

"규칙을 어기면 과거 시험을 치르지 못하는 벌을 받을 수도 있다는 것을 잊었는가? 이건 첫 번째 경고다. 앞으로 어떻게 행동하는지 지켜보겠다."

"정말 죄송합니다. 다시는 성균관 유생의 얼굴에 먹칠을 하지 않겠습니다."

세로는 굳게 약속을 하고 물러났습니다.

밤이 되었습니다. 잠을 자라는 구호가 들렸습니다. 하지만 세로는 창피하고 속상한 마음에 잠이 오지 않았습니다. 무엇보다 맹유생의 냉랭한 눈빛이 떠올라 견딜 수가 없었습니다.

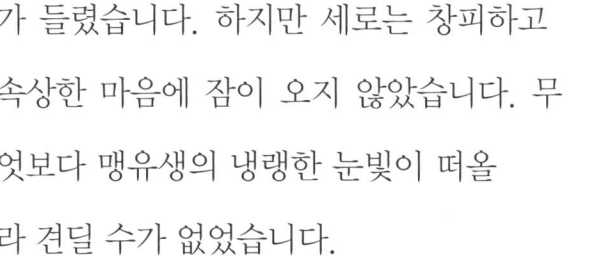

옛날에는 어떻게 공부했을까? 독서법

이이가 말하는 최고의 독서법
마음으로 읽기

　조선 시대 최고의 학자였던 이이는 책을 읽을 때 매 구절마다 실천할 수 있는 방법을 찾고, 이를 마음으로 느껴 반드시 행동으로 옮겨야 한다고 말했어요. 책을 그냥 눈으로 읽는 것이 아니라 책을 통해 얻은 지혜를 어떻게 활용할 것인지를 늘 생각하면서 독서해야 한다는 것이지요. 이이는 당대 뛰어난 선비들이 출세나 과거 시험을 위해 글을 읽는 것에 대해서도 비판했어요. 그런 공부는 아무 쓸모가 없다는 것이지요.

> 책을 읽는 사람은 반드시 단정히 손을 모으고 무릎을 꿇고 앉아서 공경히 책을 대하여 마음을 모으고 뜻을 다하며 자세히 생각하여 이해하고, 구절마다 반드시 실천할 방법을 구해야 하니, 만일 입으로만 읽어서 마음에 담지 않고 몸으로 실천하지 않는다면 책은 책대로 나는 나대로일 것이니 무슨 유익함이 있겠는가?
>
> 《격몽요결》, 이이

이덕무와 이황이 말하는 최고의 독서법
정독과 완독

스스로를 간서치(看書痴), 즉 책만 보는 바보라고 부른 조선 시대 실학자인 이덕무가 이야기하는 독서법은 정독과 완독입니다. 꼼꼼하게, 끝까지 책을 읽는 것이 중요하다는 것이지요. 이덕무는 책을 읽을 때 그 책이 무엇을 말하고자 하는지를 깨닫지 못하면 다른 책을 읽지 말아야 한다고 했습니다.

이덕무는 책을 읽다가 그 뜻이 어려워서 이해할 수 없을 때에는 책장을 덮어 두고 한참 쉬었다가 다시 읽었습니다. 천천히 산보를 하며 마음을 가다듬기도 했지요. 독서를 통해 자신을 되돌아보고 깊이 사색하는 것을 즐기기 위해서는 독서 자체가 즐거워야 하며 맑은 정신을 유지하기 위해서는 휴식을 취하며 독서를 해야 한다고 이덕무는 생각했습니다.

이황 또한 정독과 완독을 가장 기본이자 중요한 독서법으로 꼽았습니다. 이황은 빠르게 읽기, 즉 속독을 하면 마음이 급해지고 늘 쫓기게 되며 여러 권 읽기, 즉 다독을 하면 그 내용을 잊어버리고 멍청해져서 마침내는 책을 한 권도 읽지 않은 것과 같다고 말했습니다.

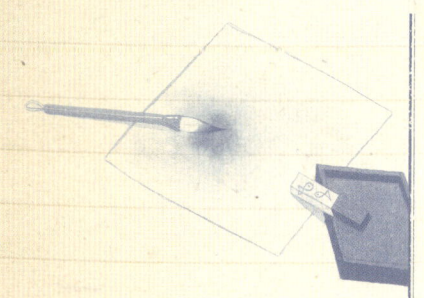

사람들의 책을 살펴보면 첫째 권은 반드시 책장이 닳아 부서지는데 둘째 권부터 끝 권까지는 깨끗하기가 마치 한 번도 손을 대지 않은 것 같으니 선비의 뜻이 처음에는 부지런했다가 끝내는 게을러지는 것을 알 수 있다.

《사소절》, 이덕무

김득신이 말하는 최고의 독서법
여러 번 읽기

조선 시대 유명한 시인인 김득신은 머리가 나쁘기로 유명했습니다. 김득신은 책 읽기를 좋아하면 똑똑해진다고 생각해 끊임없이 책을 읽었다고 합니다. 기록에 의하면 김득신은 36편의 글을 각각 만 번 이상 읽었으며, 사마천의 《사기(史記)》 중 〈백이전〉은 1억 1만 3000번이나 읽었다고 합니다. 옛날 기록의 1억은 지금의 10만이라고 하니 실제 그가 읽은 횟수는 11만 3000번인 셈이지요. 어마어마한 숫자이지요?

김득신은 말을 타고 가면서도 늘 글을 외웠는데, 어느 날 그렇게 많이 외운 〈백이전〉을 중간에 깜빡 잊어버렸어요. 그러자 곁에서 말고삐를 잡던 하인이 막힌 부분을 말해 주었다는 일화가 전해집니다. 하도 들어서 하인도 절로 외운 것이지요.

읽고 또 읽는 김득신의 독서법은 옆에서 보기 안쓰러울 정도였다고 합니다. 하지만 이러한 김득신의 독서법을 통해 우리는 그의 정신을 알 수 있지요. 김득신은 **부족한 사람은 있어도 부족한 재능은 없다**고 생각했습니다. 피나는 노력을 하면 그 누구도 원하는 바를 이룰 수 있다는 것이지요.

> 재주가 남만 못하다고 스스로 한계를 짓지 말라. 나보다 어리석고 둔한 사람도 없겠지만 결국에는 이룸이 있었다. 모든 것은 힘쓰는데 달렸을 따름이다.
> 〈김득신이 스스로 지은 묘비명〉, 김득신

정약용이 말하는 최고의 독서법
끝까지 파고들어 알아낸 뒤 정리하기

다산 정약용은 방대한 자료를 일목요연하게 정리해, 강진 유배 생활 18년 동안 수백 권의 책을 저술했습니다. 정약용은 책을 읽으면서 그저 읽기만 하면 하루에 천 번 백 번을 읽는다 해도 안 읽은 것과 같다며, 매번 한 글자라도 뜻이 분명하지 않은 것을 만나면 끝까지 자세하게 살펴 그 근원을 알아야 한다고 했습니다. 그러고 나서 **차례차례 설명하여 다시 자신의 글로 쓰는 것을 날마다 하면 한 권의 책을 읽어도 백 권의 책을 함께 읽는 것과 같을 뿐 아니라 책의 의미도 분명하게 꿰뚫어 알 수 있다**는 것이지요.

즉, 책을 읽다가 모르는 것이 나오면 그냥 넘어가지 말고 '왜?', '어떻게?'라는 질문을 계속하여 살펴보면 어느새 많은 지식을 알 수 있고, 그런 공부의 과정을 목차를 세워 책으로 정리하면 아주 훌륭한 자료가 된다는 것입니다.

독서는 모두 방법이 있다. 세상에 보탬이 안 되는 책을 읽을 때는 구름 가고 물 흐르듯 해도 괜찮다. 하지만 백성과 나라에 보탬이 되는 책을 읽을 때는, 단락마다 이해하고 구절마다 깊이 따져 대낮 창가에서 졸음을 쫓는 방패막이로 삼아서는 안 된다.
〈반곡 정공의 난중일기에 제함〉, 정약용

임금님 앞에서 실수를 저지르다

"이보게, 소식 들었나? 임금님께서 성균관에 납신다는군!"

뜻밖의 소식에 아침부터 성균관 전체가 흥분에 들떠 있었습니다.

"선왕께서는 붓과 벼루를 주셨다는데, 이번에는 무엇을 주시려나?"

"허허, 누가 보면 재물에 눈이 어두운 사람인 줄 알겠군. 임금님을 직접 뵐 수 있다는 것만으로도 가문의 영광이네."

그 떠들썩한 분위기에 휩쓸리지 않는 건 세로뿐이었습니다. 세로는 유생들과 어울리지 않고, 노비들이 머무는 별채에 있었으니까요.

"유생님, 재미있는 이야기 하나만 들려주세요, 네?"

이렇게 조르는 노비 아이들에게 세로는 이야기책을 읽어 주었지요. 아이들은 열심히 귀를 기울였습니다.

"저도 글자를 읽을 줄 알면 좋겠어요. 그럼 시골에 사는 할머니한테 소식을 전할 수 있을 텐데……."

한 아이가 코를 훌쩍이며 말했습니다.

"걱정 마라. 내가 대신 편지를 써 주마. 그럼 할머니가 사는 마을 훈장님에게 부탁해 대신 읽어 달라고 하면 되지 않느냐?"

세로는 안타까운 마음에 말했습니다. 아이는 펄쩍 뛰며 기뻐했습니다.

"정말 감사합니다. 정말이지, 이세로 유생님이 높은 자리에 올라 나랏일을 하면 참 좋겠습니다요."

아이의 편지를 대신 써 준 세로는 서둘러 일어났습니다. 이제 임금님을 뵈러 갈 시간이었습니다.

"죄송합니다만, 저도 편지를 써 주시면 안 될까요? 어머니가 병이 났다는데 괜찮은지 걱정이 됩니다."

"저도요. 몇 년째 못 만나고 있는 동생한테 소식을 전하고 싶습니다."

아이들의 간절한 눈빛을 보니 세로는 매정하게 뿌리칠 수가 없었습니다.

'그래, 조금만 더 있다 가자.'

그 시각, 이미 임금님과 유생들은 한자리에 모였습니다.

"잘 알다시피 성균관은 조선의 자랑이며 나라를 대표하는 학교라오. 그대들 모두 이곳에서 열심히 실력을 갈고닦아 훗날 짐

과 나라를 위해 일해 주길 바라오."

"성은이 망극하옵니다."

유생들은 동시에 고개를 조아렸습니다.

"내 그대들의 노고를 치하하기 위해 준비한 것이 있소."

유생들은 임금님이 가지고 온 여러 가지 책과 옷감, 감귤과 유자 같은 귀한 과일을 보고 입을 다물지 못했습니다. 오랜만에 성균관에 푸짐한 잔치가 벌어졌지요. 모두들 새콤달콤한 귀한 과일을 맛보며 즐거워했습니다. 임금님은 유생들을 한 명씩 불러 이야기를 나누었습니다.

"다음은 이세로 유생, 앞으로 나오시오."

아무도 나서지 않자 관리가 다시 한 번 불렀습니다.

"이세로 유생! 여기 없소?"

스승님과 유생들의 얼굴에는 당황한 기색이 역력했습니다. 그때 저 멀리서 누군가 버럭 소리를 질렀습니다.

"저, 접니다. 여기 갑니다!"

깜짝 놀란 임금님과 유생들은 소리가 나는 쪽으로 고개를 돌렸습니다. 두루마기 끈은 다 풀어지고, 찌그러진 유건을 쓴 세로가 허둥지둥 달려오고 있었습니다.

그 모습을 본 스승님은 끌끌 혀를 찼습니다.

'저런, 칠칠치 못한 사람 같으니라고…….'

이세로는 진땀을 흘리며 달렸습니다. 임금님을 기다리게 했다는 당혹감에 다른 것은 생각할 여유가 없었습니다. 그런데 너무 서두르다 그만 돌부리에 걸려 우당탕 넘어지고 말았습니다. 먼지바람을 일으키며 미끄러지는 모습에, 모두들 입이 딱 벌어졌습니다.

'세상에, 지각이라니! 저런 결례가 어디 있는가!'

'저렇게 흉한 꼴을 보이다니, 맙소사!'

한바탕 소동 끝에야 세로는 간신히 임금님 앞에 다다를 수 있었지요. 세로는 만신창이가 된 모습으로 숨을 헐떡거렸습니다.

"이세로 유생, 뭐 잊은 것이 없는가?"

임금님이 인자하게 물었습니다.

세로는 인사를 제대로 하라는 뜻인 줄 알고, 넙죽 큰절을 올렸습니다. 임금님은 고개를 절레절레 저었습니다. 그러고는 뒤쪽을 가리켰습니다. 뒤를 돌아보니, 세로의 신발 한 짝이 나뒹굴고 있었습니다. 세로는 창피해서 얼굴이 빨개졌습니다. 세로는 허겁지겁 신발을 신으려다 또다시 엉덩방아를 찧고 말았습니다.

"풋!"

참고 참았던 웃음이 여기저기서 터졌습니다. 임금님조차 빙그레 미소를 지었습니다. 웃지 않는 건 스승님과 이세로뿐이었습니다. 세로는 귀까지 빨개져 어쩔 줄 몰랐습니다.

"다음은 맹윤호 유생, 앞으로 나오시오."

그런데 이번에도 아무도 나서지 않았습니다. 맹유생도 자리에 없었던 것입니다. 스승님은 놀라움을 감추지 못했습니다.

"아니, 한 번도 이런 일이 없던 사람이……."

"맹유생이 어쩐 일이지? 무슨 사고라도 생긴 게 아닐까?"

유생들이 수군거리는데, 저만치에서 맹유생이 숨 넘어갈 듯 뛰어왔습니다. 맹유생은 임금님 앞에서 차마 고개를 들지 못했습니다. 임금님이 늦은 이유를 묻자 맹유생은 약간 떨리는 목소리로 더듬더듬 말했습니다.

"전하, 사실은 전하께서 오셨는데 친구인 이세로 유생이 보이지 않기에 찾으러 다녔나이다."

맹유생의 대답에 이세로는 깜짝 놀랐습니다. 임금님이 더 자세히 이야기해 보라고 했습니다.

"얼마 전 이세로 유생과 외출을 나갔다가, 그만 길이 엇갈려 어쩔 수 없이 저만 먼저 돌아왔습니다. 그 후로 사이가 멀어져 제 마음은 한시도 편하지 않았습니다. 그날 제가 끝까지 친구를 찾아 함께 돌아왔어야 했는데……. 그래서 오늘은 꼭 찾아서 함께 오려고 했습니다."

'윤호!'

세로는 가슴이 뭉클했습니다. 그동안 맹유생을 오해했던 자신이 부끄러웠습니다.

"전하, 아뢰옵기 황공하오나 이세로 유생은 글을 쓰지 못하는 노비들을 위해 편지를 대신 써 주다 늦은 것입니다. 부디 전하의 넓은 아량으로 용서해 주시기 바랍니다."

맹유생은 엎드려 아뢰었습니다. 그 모습을 본 세로도 넙죽 엎드렸습니다.

"전하, 맹윤호 유생은 못난 친구인 저 때문에 지각한 것이니 부디 저를 벌하여 주십시오."

두 사람이 번갈아 서로를 감싸는 모습을 본 임금님의 얼굴에 웃음이 번졌습니다.

"과연 성균관 유생답구려. 상대를 생각하는 마음과 진실한 우정에 깊이 감동했소. 부디 그대들은 그 마음을 잃지 말고 소중히 간직하도록 하시오."

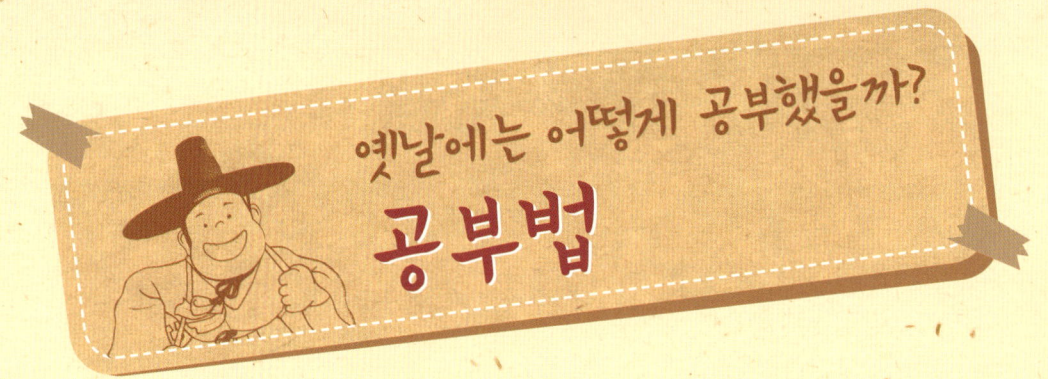

옛날에는 어떻게 공부했을까? 공부법

암송과 토론

낱말과 문장의 의미가 무엇인지를 이해하기 위해 입으로 반복해서 외우는 방법이 암송입니다. 우리 조상들은 주로 읽고 또 읽어서 외우는 암송을 통해 학문을 익혔습니다. 이렇게 쌓은 지식을 여러 사람들과 토론하면서 확인하고 발전시켰지요. 국가 정책을 결정할 때에도 관리들과 왕이 열띤 토론을 펼쳤습니다.

자유롭고 기발한 한문 소설을 통해 당시 양반 계층의 잘못된 점을 비판한 조선 시대 실학자 연암 박지원은 이덕무, 박제가, 홍대용 등 당대 지식인들과 대화와 논쟁을 통해 지식을 한층 넓힐 수 있었지요. 정약용도 그의 형 정약전과 함께 책을 집필하면서 수없이 서로에게 질문하고 대답하는 과정을 거쳤습니다. 의견이 틀리면 형제 간에도 인정사정없이 따지고 비판하는 과정을 통해 생각을 발전시켰습니다.

 ## 기록

　조선 시대에 화려한 문화를 꽃피우게 했던 정조는 책을 읽은 후에 반드시 기록을 했습니다. 그는 직접 독서 기록장을 만들어 어려서부터 읽은 모든 책을 분야별로 상세히 기록했다고 전해집니다. 독서 기록장에는 책의 제목과 저자를 적고, 의심나는 곳이 있으면 자세하게 설명을 달고, 읽은 날짜와 감상까지 적어 두었습니다.

　정약용과 그의 형인 정약전도 메모광이었습니다. 틈만 나면 자신의 생각을 종이에 적어 주변에 두고, 틈이 날 때마다 보며 생각했다고 합니다. 이처럼 기록은 공부의 가장 기본이며 중요한 방법이지요. 한 번 배운 지식을 쓸모 있는 지식으로 활용할 수 있게 도와주는 방법이기도 합니다.

서산
옛날 선비들이 책을 몇 번 읽었는지 셀 때 쓰던 것입니다. 종이를 젖히면 안에 있는 흰 종이가 보여 표시가 나게 했습니다. 책을 한 번 읽을 때마다 눈금을 하나씩 젖히고, 다 젖힌 뒤에는 다시 접으면서 읽은 횟수를 세었습니다.

아버지의 일기장

"내가 성균관 유생이라는 게 얼마나 자랑스러운지 몰라."

"나는 감귤을 먹지 않고 평생 간직할 거야."

임금님이 다녀간 뒤에도 성균관 전체가 떠들썩했지만, 세로는 혼자 방에 우두커니 앉아 있었습니다. 괴로운 마음에 차마 유생들과 어울릴 수 없었습니다. 세로는 머리를 쥐어뜯으며 스스로를 책망했습니다.

'나는 성적도 나쁜데다 규칙까지 어겼어. 게다가 임금님 앞에서 큰 실수를 저질러 성균관의 명예에 또다시 먹칠을 했지. 친구인 맹유생조차 나 때문에 잘못을 저질렀으니 나는 성균관에 있을 자격이 없어. 나 같은 촌뜨기에게는 애초에 성균관이 어울리지 않았어. 어차피 쫓겨날 테니 내 발로 집에 돌아가자.'

세로는 벽장을 열고 짐을 꺼냈습니다.

'아버님, 어머님. 죄송합니다. 성균관에 입학했다고 크게 기뻐하셨는데……'

부모님을 생각하자 목이 메었습니다. 세로는 눈물을 참으며 짐을 쌌습니다.

"뭐하는 게냐!"

갑자기 벼락같은 호령이 떨어졌습니다.

"아니, 스승님……"

세로는 말을 잇지 못하고 바닥에 무릎을 꿇었습니다.

"실수는 누구나 할 수 있지만, 도망치는 건 비겁한 짓이다.

끝까지 남아 실력을 쌓아라. 대과에 합격하지 못하면 그때는 내가 너를 용서하지 않겠다. 알겠느냐!"

세로는 차마 고개를 들지 못하고 눈물만 흘렸습니다.

어느덧 밤이 깊었습니다. 멀리서 소쩍새가 구슬피 울었습니다. 세로는 잠자리에 누웠지만 아까부터 계속 뒤척이며 잠을 이루지 못했습니다. 세로는 책을 챙겨 밖으로 나왔습니다.

"달이 참 밝구나."

세로는 달빛 아래에서 정성스레 붓을 씻기 시작했습니다. 붓에서 검은 먹물이 뚝뚝 떨어졌습니다. 세로는 가닥가닥 나눠진 붓털을 가지런히 모았습니다.

세로는 마루에 앉아 책을 펼쳤습니다. 달빛이 밝아 글자를 알아볼 수는 있었습니다. 졸음이 오면 머리를 쥐어박으며 책에서 눈을 떼지 않았습니다. 그래도 졸리면 찬물에 얼굴을 적셔 가며 공부했습니다.

'옛날 선비들은 반딧불을 모아 그 불빛으로 글을 읽고, 겨울이면 눈에 반사되는 달빛에 비춰 책을 보았다지. 그렇게 공부해야 된다고 아버지께서 늘 말씀하셨어.'

세로는 문득 생각나는 것이 있어 방으로 돌아가 봇짐에서 책 한 권을 찾아냈습니다. 한양으로 올라올 때, 아버지가 주신 책이었습니다. 아주 낡고 손때가 묻어 너덜너덜해진 책이었지요.
　'무슨 내용일까?'
　세로는 호기심에 서둘러 책장을 넘겼습니다. 그것은 세로가 태어났을 때부터 아버지가 쓴 오래된 일기였습니다.

오늘 세로가 책을 불쏘시개 삼아 태웠다.

엄히 따져 물으니, 그저 공부하기 싫어 그랬다 하질 않는가! 친구들과 뛰놀고 싶은데 책만 읽으라 하니, 어린 마음에 책을 없애야겠다고 생각한 모양이다.

그렇게 책을 제 몸같이 소중히 여기라고 일렀거늘…… 밤낮으로 가르치면 무엇하랴. 시커먼 책을 보니 가슴이 아프다.

세로는 얼굴이 붉어졌습니다. 기억도 가물가물한 어린 시절이었지만, 지금 생각해도 얼굴이 화끈거렸습니다.

오늘 세로가 동네 어르신을 뵙고도 인사를 하지 않기에 예의를 배우라는 뜻에서 종아리 열 대를 때렸다.

'이거야 원, 야단맞은 이야기밖에 없잖아.'
세로는 씁쓸한 듯 입맛을 쩍쩍 다셨습니다.

울다가 잠이 든 세로의 종아리가 시퍼렇구나. 평생 공부하며 살아가라고 엄하게 꾸짖지만, 어린 세로가 어찌 그 뜻을 이해하리. 아들아, 배움에서 머무르지 않고 배운 대로 살아갈 때 진정한 기쁨을 느낄 수 있다는 것을 잊지 말아라. 평생 배움의 기쁨을 누리며 살아갈 때 진정한 기쁨을 누릴 수 있고 비로소 군자가 될 수 있으니, 이것이 바로 우리 집 가훈인 호학(好學)임을 늘 기억하여라.

세로의 코끝이 시큰해졌습니다. 글 한 줄 한 줄, 아버지의 마음이 담겨 있었습니다. 세로는 아버지의 주름진 손을 만지듯 낡은 일기장을 소중히 매만졌습니다.

그때였습니다. 누군가 방문을 두드렸습니다.

"세로, 날세."

"윤호, 이 밤에 웬일인가?"

맹유생과 세로는 마루에 앉아 이야기를 나누었습니다.

"미안하네, 세로."

"아니, 무엇이 미안하단 말인가?"

세로는 어리둥절했습니다.

"세로, 사실 스승님이 자네 칭찬을 많이 한다네. 성적과 상관

없이 늘 새로운 생각을 한다고 말이야. 나는 아무리 열심히 해도 자네처럼 할 수 없더군. 그래서 자네가 참 부럽기도 하고 밉기도 했다네. 어쩌면 그때 남사당패 놀이판에 간 자네를 두고 혼자 돌아온 것도 그 때문인지 몰라."

맹유생은 세로를 똑바로 쳐다보지 못했습니다.

"맹유생, 무슨 소리인가? 나야말로 공부도 잘하고 늘 성실한 자네가 얼마나 부러웠는지 모른다네."

두 사람은 그렇게 한참 동안 마음을 터놓고 이야기를 나누었습니다. 어느새 달이 희뿌옇게 사그라지고, 새벽빛이 밝아 오고 있었습니다.

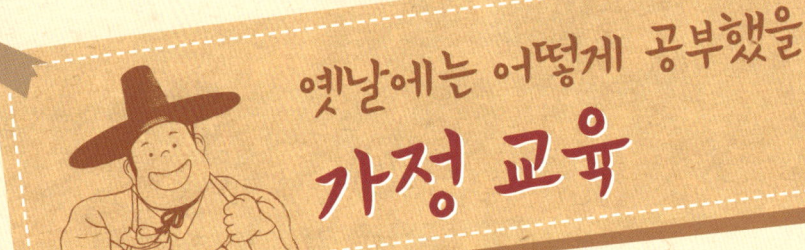

옛날에는 어떻게 공부했을까? 가정 교육

조선 시대 어느 선비의 하루

새벽 2~4시	기상(여름철), 앎과 느낌을 깨우치는 공부
4~6시	기상(겨울철), 새벽 문안, 뜻을 세우고 몸을 공경히 하는 공부
6~8시	자녀 교육, 독서와 사색
8~10시	식사, 마음을 가다듬고 살핌
10~12시	손님 접대, 독서
정오~2시	일꾼들 살핌, 경전과 역사 공부
2~4시	독서, 사색, 여가 즐김
4~6시	식사, 독서, 성현의 기상을 본받는 묵상
6~8시	가족과 일꾼의 일 점검, 자녀 교육
8~10시	일기, 장부 정리, 우주와 인생과 자기 행동에 대한 묵상
10~12시	수면, 심신 안정, 원기 배양

19세기 후반 윤최식이라는 학자가 쓴 《일용지결》에 나온 선비의 하루입니다.

 ## 가정 교육

조선 시대 선비의 하루 일과를 보면 상당히 많은 시간을 공부에 힘썼다는 것을 알 수 있어요. 학업에 정진하는 것이 선비의 본분이라고 생각했기 때문입니다. 공부만큼이나 시간을 쏟았던 것은 자녀 교육입니다. 오전 오후 두 번에 걸쳐 자녀들을 교육하는 시간을 따로 마련해 둘 만큼 중요하게 여겼습니다.

이덕무는 《사소절》이란 책에서 "망아지는 길들이지 않으면 좋은 말이 될 수 없고, 어린 소나무는 가꾸지 않으면 아름다운 재목을 이룰 수 없다. 그러므로 자식을 두고서 가르치지 않으면 버리는 것과 같다."라고 말했습니다.

다산 정약용은 유배지에서도 두 아들과 끊임없이 편지를 주고받으며 아이들을 가르치고 이끌었습니다. 정약용은 배움에 앞서 부모에게 효도하고 형제 간에 우애로워야 한다고 강조했지요. 부모님이 기뻐하겠지 하는 마음이 저절로 우러날 때 갈 길이 정해지고, 형제가 잘하니 나도 잘해야지 하는 생각에 더 공부에 집중할 수 있다고 말했습니다.

서생
대나무를 얇게 쪼개어 다듬은 뒤 유교 경전 각 장의 첫 대목을 적어 놓았습니다. 선비들이 공부할 때 사용했습니다.

공자가 말한 가정 교육

어릴 때부터 밥을 먹을 때나 말을 할 때 바르게 할 수 있도록 가르치며, 6세가 되면 숫자와 방위를 가르치고, 8세가 되면 집 밖 출입을 하거나 자리에 앉거나 음식을 먹을 때 사양하는 것을 가르쳐 남을 배려하는 것을 알려 주어야 한다.

드디어 과거 시험이 열리고

"모두들 그동안 고생이 많았다."

평소와 다르게 스승님의 목소리가 부드러웠습니다. 스승님은 유생들을 한 명 한 명 살펴보았습니다.

"드디어 대과 시험 날짜가 정해졌다. 그동안 다들 열심히 했으니, 긴장하지 말고 실력을 마음껏 펼치기 바란다."

스승님의 발표에 모두들 술렁였습니다. 유생들은 설렘 반, 긴장 반으로 한마디씩 말했습니다.

"아, 드디어 꿈꾸던 기회가 왔구나!"

"벌써부터 긴장되는걸."

세로는 온몸이 와들와들 떨렸습니다.

'이렇게나 빨리 과거를 치르게 되다니……. 이대로라면 분명 떨어질 텐데, 이를 어찌한단 말인가.'

세로는 크게 숨을 들이마셨습니다.

'이럴 때가 아니야. 쓸데없는 걱정은 떨쳐 버리고 공부에만 집중하자. 끝까지 최선을 다하는 거야!'

누군가 세로의 떨리는 손을 꼭 잡아 주었습니다. 맹유생이었습니다. 맹유생의 손도 무척 차가웠습니다. 두 사람은 아무 말도 하지 않았지만 서로의 마음을 알 수 있었습니다.

과거 시험 보는 날 아침이 밝았습니다. 깔끔하게 차려입은 유생들이 시험장으로 모였어요. 시험장에는 전국에서 과거를 보러 온 사람들로 북적였습니다.

"임금님 행차요! 모두 길을 비키시오!"

북과 나팔이 사방에 울려 퍼졌어요. 사람들은 바닥에 엎드려 임금님을 맞았습니다. 세로도 허리를 깊이 숙였습니다.

둥! 둥! 시험을 알리는 북이 울렸습니다.

세로는 준비한 시험지를 펼쳤습니다. 과거 시험에 응시한 사람들은 미리 자신이 볼 시험지를 준비해서 확인 도장까지 받아야 했습니다. 시험지 오른쪽에 자신의 이름, 나이, 본관, 거주지를 쓰고 이어 아버지, 할아버지, 증조할아버지, 외할아버지 이름까지 적은 뒤, 그 부분을 접어서 봉하고 확인 도장을 받는 것이지요. 신분이나 집안에 관계없이 공정하게 채점하기 위해서였습니다.

"시제를 발표하겠소!"

두루마리가 활짝 펼쳐졌습니다. 과거 시험은 나라에서 정한

시제에 맞추어 글을 써내는 방식으로 치러졌습니다. 세로는 감고 있던 눈을 천천히 떴습니다.

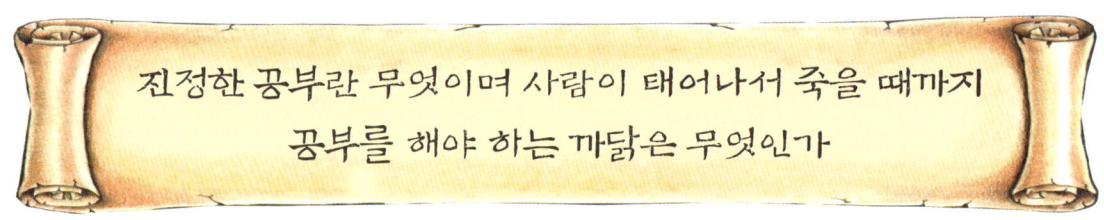

진정한 공부란 무엇이며 사람이 태어나서 죽을 때까지 공부를 해야 하는 까닭은 무엇인가

사람들이 웅성대기 시작했습니다. 정확히 답하기 어려운 문

제였거든요. 벌써 포기하는 사람도 보였습니다. 세로 역시 머릿속이 하얘져서 아무 생각도 떠오르지 않았어요.

'그러고 보니 이제껏 공부하는 것에 대해 고민해 본 적이 한 번도 없구나. 당연히 해야 되는 줄 알고 했지, 왜 해야 하는지에 대해서는 깊이 생각해 본 적이 없어…….'

세로는 차분히 생각을 정리했습니다. 문득 아버지의 일기가 떠올랐습니다. 호학(好學)! 바로 그것이 공부를 해야 하는 이유가 아닐까 하는 생각이 들었습니다.

'그래, 과거 시험에만 얽매여 하는 공부, 의미도 모르고 외우기만 하는 공부, 이런 공부를 하면서는 배움의 기쁨을 느낄 수 없지. 배움이 곧 기쁨이 되고 삶이 되는 공부가 제대로 된 공부일 거야.'

어둠이 걷히듯 세로의 마음이 환해졌습니다. 시험 결과에 상관없이 이런 깨달음을 얻게 되서 무척 기뻤습니다. 꼭 합격해야

겠다는 욕심을 버리니 차라리 마음이 편했습니다. 세로는 몸에서 힘을 빼고 차분하게 붓을 들었습니다.

몰래 답안지를 숨겨 왔다 들켜서 쫓겨나는 사람, 책을 가져와 베끼다 쫓겨나는 사람, 포기하고 나가 버리는 사람, 한 글자도 못 쓰고 끙끙 앓는 사람…….

시험장 안은 번잡스러웠지만 세로는 오로지 답안지에만 집중했습니다. 답안지를 내고 밖으로 나오니 맹유생이 세로를 기다리고 있었습니다.

"세로, 시험은 잘 보았는가?"

"나야 자네처럼 공부를 열심히 하지 않았으니, 큰 기대는 하지 않는다네. 자네는 어땠나? 물론 완벽한 답안을 써냈겠지?"

세로가 부럽다는 듯이 말하자, 맹유생은 설레설레 고개를 저었습니다.

"그런 시제가 나올 줄은 정말 몰랐다네. 생각을 정리하느라 힘이 들었어. 내가 그동안 공부한 것이 무엇인가 싶었다네. 책으로만 공부하는 게 아니라던 자네 말이 떠오르더군."

"자네는 분명 합격할 테니 걱정 말게나."

"나 혼자 합격해서는 아무 소용없네. 우리 꼭 같이 합격하세!"

두 사람은 손을 꼭 잡았습니다.

시험 결과를 발표할 때가 되었습니다. 모두들 가슴을 졸이며 지켜보았지만 세로는 담담했습니다. 알고 있는 것을 다 적었으니, 결과야 어떠하든 상관없었습니다.

"맹윤호!"

"이사성!"

"이 황!"

한 명 한 명, 합격한 사람의 이름이 불렸습니다. 맹유생의 이름이 제일 먼저 불렸지요. 세로는 마치 자기가 합격한 듯 기뻤습니다. 합격자 발표가 거의 끝나가는데도 세로의 이름은 불리지 않았습니다.

'할 수 없지. 처음부터 다시 시작하자.'

세로는 주먹을 꼭 쥐며 자신을 다독였습니다.

바로 그때, 마지막 합격자의 이름이 발표되었습니다.

"이세로!"

세로는 자신의 귀를 의심했습니다. 맹유생이 세로를 얼싸안았습니다.

"축하하네, 세로!"

"이보게, 나 좀 꼬집어 주게. 꿈인지 생시인지 모르겠네."

맹유생이 이세로의 옆구리를 꽉 꼬집었어요. 어찌나 아픈지 눈물이 쑥 나왔지요. 그제야 세로는 정신이 들었습니다. 여기저기서 축하 인사가 쏟아졌지요.

"어서 임금님을 뵈어야지. 자, 가세."

맹유생이 세로를 잡아끌었어요. 세로는 임금님 앞으로 다가갔습니다. 터질 듯이 심장이 뛰어 혹여 다른 사람에게도 자신의 심장 뛰는 소리가 들리지 않을까 걱정이 될 정도였습니다.

"가까이 오라."

임금님이 손짓으로 세로를 불렀습니다. 세로의 얼굴을 본 임금님은 눈을 크게 떴습니다.

"자네는 그때 내 앞에서 실수를 범했던 유생이 아니냐? 믿을 수가 없구나. 천둥벌거숭이 같던 유생이 대과에 급제를 하다니 기쁘기 짝이 없도다."

임금님의 칭찬에 세로는 더욱 어찌할 바를 몰랐어요.

"황공하옵니다."

임금님은 흐뭇하게 웃으며 세로에게 합격증인 홍패와 어사화를 하사했습니다. 홍패와 어사화를 두 손으로 받아 든 세로는 감격에 겨워 한동안 움직일 수 없었습니다.

그때 임금님이 말했습니다.

"아, 자네가 궁궐에 들어오면 꼭 해 줄 일이 생각났네. 기대해 보겠네."

성대한 축하 잔치가 끝나자 세로는 집으로 돌아갈 채비를 서둘렀습니다. 부모님에게 어서 이 기쁜 소식을 전하고 싶었지요. 세로는 성균관을 떠나기 전에 스승님을 찾아갔습니다.

"스승님, 그동안 못난 저를 이끌어 주셔서 감사 드립니다. 평생 스승님의 가르침을 잊지 않겠습니다."

세로는 큰절을 올렸습니다. 스승님은 세로의 어깨를 두드려 주었습니다. 세로는 그동안의 일들이 떠올라 눈물이 핑 돌았습니다. 마지막으로 세로는 맹유생과 인사를 나누었습니다.

"윤호! 궁궐에서 다시 봅세!"

맹유생과 헤어진 이세로는 고향을 향해 힘차게 발걸음을 내딛었습니다.

"어머님, 아버님! 기다리세요. 세로가 갑니다!"

과연 이세로는 궁궐에 가서 어떤 일을 하게 될까요?

옛날에는 어떻게 공부했을까?
과거 제도

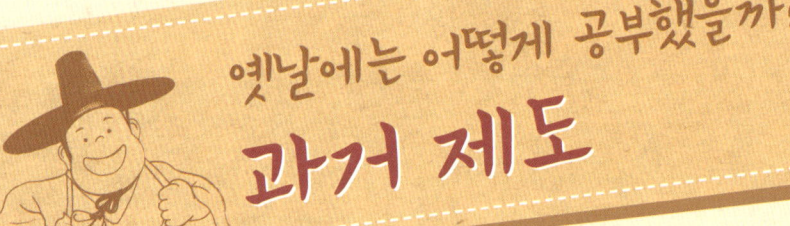

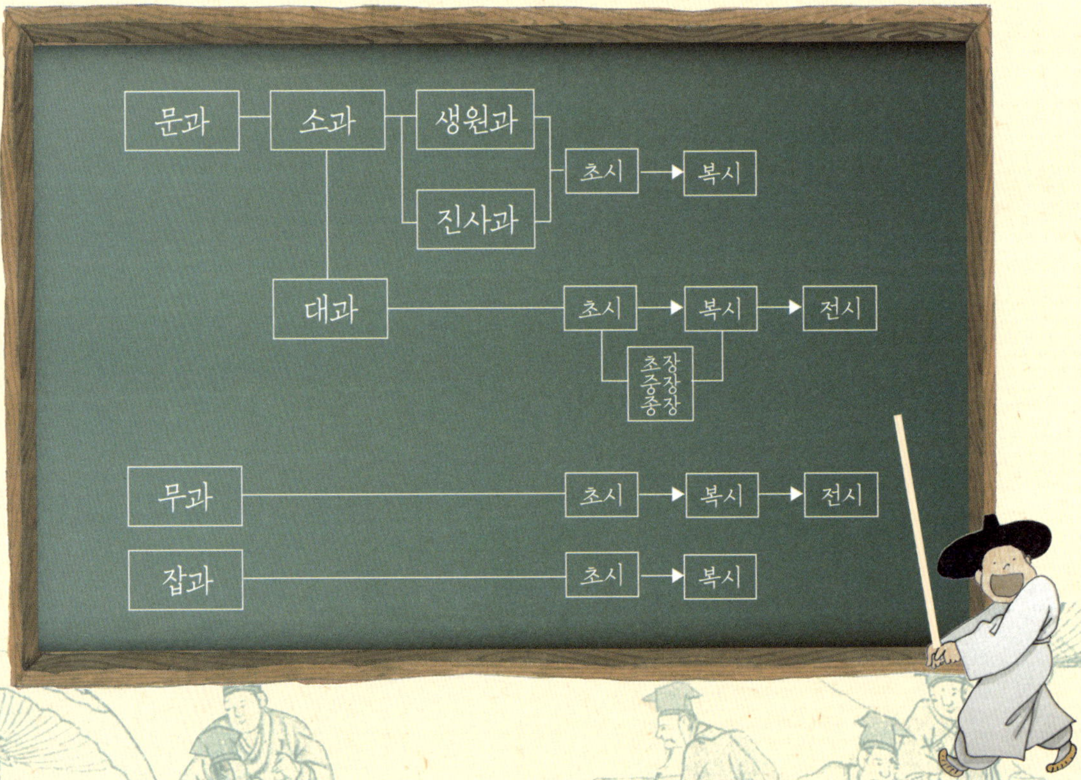

- 문과 — 소과 — 생원과 / 진사과 → 초시 → 복시
- 문과 — 대과 → 초시 → 복시 → 전시 (초중종 / 장장장)
- 무과 → 초시 → 복시 → 전시
- 잡과 → 초시 → 복시

과거 제도

과거 제도는 고려 4대 왕인 광종 때 처음 만들어졌고 조선 시대에 이르러 크게 발전한 관리 등용 시험입니다. 나라를 이끌어 가는 인재를 뽑는 시험인 만큼 상당히 복잡했습니다. 우선 조선의 과거 제도는 크게 문관을 뽑은 문과, 무관을 뽑는 무과, 기술직 관리를 뽑는 잡과로 나뉘어 있어요. 이 중에서도 가장 심혈을 기울여 뽑는 분야는 바로 문과였습니다.

문과는 크게 소과 시험과 대과 시험으로 나뉘게 됩니다. 소과 시험은 생원과 진사를 뽑는 시험이라 하여 '생진과' 라고도 불립니다. 생원은 유교 경전을 잘 외워 시험에 합격한 사람을 이르는 말이고, 진사는 글을 잘 지어 합격한 사람을 이르는 말입니다.

이 시험에 합격하면 성균관에 입학할 수 있는 자격뿐 아니라 대과 시험에 응시할 수 있는 자격이 주어지며, 선비로서 인정을 받게 됩니다. 또한 하급 관리에 등용될 수 있는 자격도 주어진답니다.

대과는 오늘날 사법 고시나 행정 고시와 같이 상당히 어려운 시험이랍니다. 고급

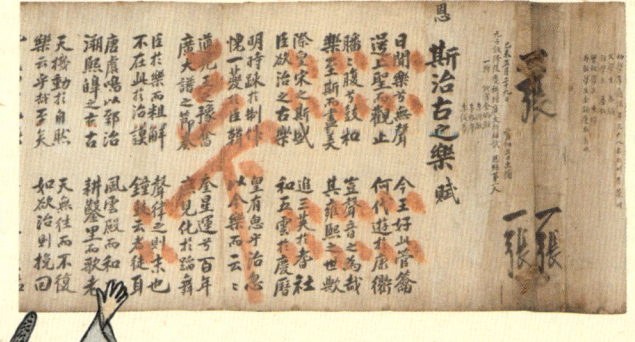

시권
합격자의 답안지. 오른쪽 가장자리를 접어 자신의 이름 및 정보를 적은 뒤 채점시 부정을 막기 위해 이 부분을 봉했습니다.

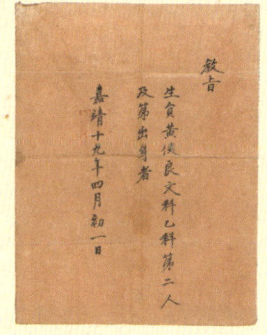

홍패
과거 시험인 대과에 합격했다는 합격증입니다.

문관을 등용하는 최고 단계의 시험이지요. 따라서 소과에 비해 훨씬 더 복잡하고 어려운 과정을 거쳐야 합니다. 초시, 복시, 전시로 나누어진 세 번의 시험을 치러야 하는데, 지금으로 말하면 1차, 2차, 3차를 일컫는 말입니다.

초시와 복시는 또 3단계로 나누어 초장, 중장, 종장이라는 시험을 거치게 됩니다. 초시와 복시를 거쳐 최종적으로 33명이 뽑히게 되면 왕 앞에서 실시되는 최종 시험인 전시가 치러집니다. 이 시험은 33명의 순위를 정하는 시험이랍니다.

《평생도》 중 삼일유가
조선 시대 양반의 한평생을 그림으로 표현한 《평생도》 중 장원 급제하여 사흘 동안 시험관과 친척을 방문하는 장면입니다.

함경도 지방의 과거 시험
1664년 함경도 지방에서 실시된 과거 시험 장면을 그린 기록화입니다.
관아 건물에서는 문과 시험이, 너른 마당에서는 무과 시험이 치러지고 있습니다.

신라의 독서삼품과

　독서삼품과란 신라의 최고 학교인 국학을 졸업할 때, 학교에서 배운 유학과 관련된 책을 중심으로 어떤 책을 얼마나 읽고, 어떻게 이해했는지를 묻는 시험입니다. 일종의 졸업 시험이었죠. 시험 결과는 크게 상품, 중품, 하품 세 단계로 구분되고 관리를 등용할 때 기준으로 삼았지요. 우리나라 최초의 인재 선발 시험이라 말할 수 있습니다.

고려의 과거 제도

　고려를 세운 태조 왕건의 넷째 아들이자, 고려의 4대 왕인 광종은 중국에서 고려로 귀화한 쌍기의 제안을 받아들여 과거 제도를 실시하게 됩니다.

　당시 고려의 귀족들에게 과거 제도는 큰 충격이었습니다. 과거 제도를 실시하기 전에는 공식적인 시험이 아니라 집안이나 출신 배경으로 벼슬길에 오를 수 있었습니다. 하지만 과거 제도 실시 이후에는 비록 권문세가의 자제가 아니더라도 실력을 쌓으면 관리가 될 수 있었습니다. 과거 제도로 통해 고려 조정에는 유능한 인재들이 모일 수 있게 되었답니다.

소과 시험
소과 시험 장면을 그린 조선 시대 풍속화입니다. 다양한 연령층의 사람들이 비교적 자유롭게 답안을 쓰고 있습니다.

성균관으로 GO! GO!

성균관의 실제 모습은 어떠할까요?
같이 답사를 떠나 봅시다!

명륜당(明倫堂)

성균관 유생들이 공부를 하던 곳입니다. 명륜당에서는 주로 강의나 시험이 이루어졌으며 과거 시험이나 왕세자 입학 같은 중요한 행사도 이곳에서 열렸어요. 명륜당에서 공부하는 유생들의 모습은 어떠했을까요? 교수들이 먼저 명륜당에 자리를 잡고 앉으면 북이 울리고, 그 다음에 유생들이 차례로 들어와 교수에게 절을 합니다. 그리고 자신이 공부해야 하는 과목 앞으로 가서 동료들끼리 서로 절을 하고 인사를 나눈 뒤 공부를 시작했다고 합니다.

동재(東齋)와 서재(西齋)

동재와 서재는 유생들의 기숙사입니다. 동재와 서재를 합해 모두 28칸의 방이 있었는데, 재건축하여 현재는 32칸의 방이 있습니다. 한 방에 4~5명의 유생들이 함께 생활했습니다.

★ **성균관에 가기 전에**
준비물 필기구, 카메라, 수첩
관람일 및 관람 시간 언제나 관람이 가능합니다.
관람 소요 시간 약 40분에서 1시간 정도
관람료 무료
문의 02-760-1472
주소 서울시 종로구 명륜동 3가 53번지
찾아가는 길 지하철 4호선 혜화역 4번 출입구로 나와서 성균관 대학교 정문으로 오면 오른쪽에 위치해 있어요.
홈페이지 http://www.skkok.com/

알아둡시다!
지방의 향교에는 대부분 명륜당이 대성전 앞에 위치하고 있으나, 성균관은 명륜당이 대성전의 뒤에 위치하고 있는데, 이것을 전묘후학(前廟後學)이라고 합니다. 성균관이 가지는 특징 중 하나랍니다.

또 하나의 볼거리 - 은행나무
명륜당 앞뜰에는 천연기념물 59호로 지정된 두 그루의 은행나무가 있습니다. 이 은행나무는 조선 중종 때 심은 것이라고 전해집니다. 공자가 은행나무 아래에서 제자를 가르쳤다는 이야기에서 은행나무는 유교의 상징이 되었지요.

존경각(尊經閣)
존경각은 우리나라 최초의 대학 도서관이라고 볼 수 있습니다. 주로 성리학과 관련된 책과 역사서를 보관했습니다.

대성전(大成殿)
성균관은 학교뿐 아니라 제사를 지내는 문묘이기도 합니다. 문묘는 유교를 집대성한 공자나 여러 성현들의 위패를 모시고 제사를 드리는 사당을 말합니다.

하마비(下馬碑)
하마비 앞을 지날 때에는 신분의 높고 낮음에 상관없이 누구나 타고 가던 말에서 내리라는 뜻을 새긴 비석이지요. 성균관은 공자에게 제사를 지내는 문묘가 있는 곳이기 때문에 말을 타고 건물 안으로 들어갈 수 없었답니다.

신삼문(神三門)
대성전 남쪽 입구에 있는 문입니다. 돌아가신 성현들의 넋이 출입하는 세 개의 문이라 하여 신삼문이라 합니다.

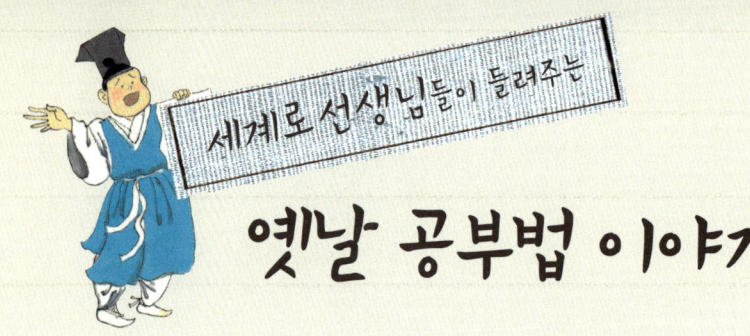

옛날 공부법 이야기

　세로의 좌충우돌 성균관 이야기 재미있었나요?
　요즘 많은 학생들이 공부하느라 힘들다는 말을 많이 합니다. 이세로가 살던 조선 시대에도 많은 사람들이 공부 때문에 울고 웃었지요. 우리가 초등학교, 중학교를 다니듯이 옛날에도 서당, 향교, 사부 학당 같은 학교가 있었습니다. 또 **성균관에 들어가거나 과거 시험에 합격하기 위해 열심히 공부를 해야 했답니다.**
　기록에 의하면 삼국 시대부터 본격적으로 학교를 세우고 교육 제도를 정비했다고 하니 공부의 역사는 꽤 오래전부터 시작되었다고 볼 수 있습니다.
　물론 지금처럼 누구나 공부할 수 있었던 것은 아니고 양반 계층, 그중에서도 남자들만 공부할 수 있었지요. 또 지금은 컴퓨터, 텔레비전, 전자 사전 등 다양한 형태와 방법으로 공부를 하지만 옛날에는 책이 유일한 수단이었습니다. 책도 중국에서 들여온 중국 사상에 관한 책이 대부분이었지요. 이세로가 배운 사서오경이 유교의 경전이었다는 것을 기억하죠? 유교가 바로 중국을 대표하는 사상이자 학문입니다. 유교의 한 학파인 성리학이 조선의 통치 이념이 되면서 조선 시대에 유교는 더욱 발전하게 됩니다.

이렇게 옛날 사람들과 지금의 우리는 공부하는 내용이나 방법이 참 다르지요. 하지만 시대를 초월해서 공부는 인류의 역사를 발전시키는 원동력이라는 점은 변함이 없습니다. 또 공부를 하는 태도나 마음가짐 또한 예나 지금이나 별로 차이가 없지요. 박지원, 이덕무, 정약용, 김득신 등 애서가이자 다독가였고, 지식인이자 교양인이었던 **옛 선비들의 모습은 지금 우리에게도 큰 가르침을 줍니다.**

　논어에 '아는 것은 좋아하는 것만 못하고, 좋아하는 것은 즐기는 것만 못하다.' 라는 말이 있습니다. 세로가 '호학(好學)' 이라는 말에 깨달음을 얻은 것처럼 여러분도 단지 아는 것에서 그치지 않고 스스로 즐기며 공부하는 자신만의 공부법을 찾길 바랍니다.

사진 출처

34 서당_국립중앙박물관 | 35 분판_소수박물관 | 36 임신서기석_국립경주박물관 | 69 서산_소수박물관
81 서생_소수박물관 | 97 시권, 홍패_ 소수박물관
98 어사화_소수박물관 |《평생도》중 삼일유가, 함경도 지방의 과거 시험_국립중앙박물관
98 소과 시험_국립중앙박물관

이선비, 성균관에 들어가다

펴낸날 2011년 2월 25일 초판 1쇄, 2025년 3월 10일 초판 14쇄
지은이 세계로 | **그린이** 이우창
펴낸이 신광수 | **출판사업본부장** 강윤구 | **출판개발실장** 위귀영
아동인문파트 김희선, 설예지 | **출판디자인팀** 최진아, 박지연 | **저작권 업무** 김마이, 이아람
출판사업팀 이용복, 민현기, 우광일, 김선영, 신지애, 허성배, 이강원, 정유, 정슬기, 정재욱, 박세화, 김종민, 정영묵, 전지현
출판지원파트 이형배, 이주연, 이우성, 전효정, 장현우
펴낸곳 (주)미래엔 | **등록** 1950년 11월 1일 제16-67호 | **주소** 서울시 서초구 신반포로 321
전화 미래엔 고객센터 1800-8890 | **팩스** 541-8249 | **홈페이지 주소** http://www.mirae-n.com

ⓒ 세계로 2011

ISBN 978-89-378-4620-5 74910
ISBN 978-89-378-4587-1 (세트)

* 책값은 뒤표지에 있습니다.
* 파본은 구입처에서 교환해 드리며, 관련 법령에 따라 환불해 드립니다. 다만, 제품 훼손 시 환불이 불가능합니다.

KC 마크는 이 제품이 공통안전기준에 적합하였음을 의미합니다.
사용 연령: 8세 이상